CADERNOS PRÁTICOS DE XADREZ 5

ANTONIO GUDE

ATAQUES ao Roque

128 EXERCÍCIOS TEMÁTICOS PARA UM TREINAMENTO ESTRUTURADO

Tradução de Jussara Chaves Garcez Leme

EDITORA SOLIS

2021

© Antonio Gude 2004
© da edição em português de Garcez Leme & Associados, Lda (Editora Solis), 2021
Editores: Francisco Garcez Leme e Jussara Chaves Garcez Leme
Diagramação: Heloísa Chaves Garcez Leme
Tradução para o português: Jussara Chaves Garcez Leme
Editado em Aveiro, Portugal, em 2021

ISBN: 9788598628400

Os diagramas incluídos neste livro procedem dos arquivos pessoais do autor.

Dados Internacionais de Catalogação da Publicação (CIP)

Gude, Antonio Fernández, 1946 Cadernos Práticos de Xadrez, 5 - Ataques ao Roque; Editora Solis 2021, Aveiro, Portugal.
Título original: Cuadernos Prácticos de Ajedrez, 5 - Ataques al Enroque
1.Xadrez 2.Ensino de xadrez 3.Treinamento de xadrez 4. Exercícios de xadrez 5.Problemas

04-5156   CDD - 794.12

Contato com a Editora Solis

No Brasil: comercial@editorasolis.com.br

Em Portugal: comercial@editorasolis.pt

SUMÁRIO

INTRODUÇÃO

A teoria estabelece modelos didáticos no tratamento de posições, ou no estudo dos diferentes temas técnicos, mas a prática se encarrega de criar o caos com sua diversidade, o que constitui precisamente um dos grandes atrativos do xadrez.

Os manuais *Escola de Xadrez* (1 e 2) têm uma destacada orientação prática, como o demonstra o fato de que, além das numerosas posições comentadas no corpo principal, ambos livros contenham um bloco adicional de 160 e 128 exercícios, respectivamente.

Não obstante, o esforço por sistematizar o material, reduzindo-o a modelos válidos, por conta da melhor orientação didática possível, não basta para que o jogador possa captar a variedade e riqueza do xadrez de competição. Esta iniciativa editorial responde à necessidade do jogador ativo de cultivar um treinamento sistemático, e estes cadernos, com 128 exercícios cada um, em três níveis de dificuldade, contribuirão para solucionar esse aspecto, porque vêm a ser *parques temáticos*, com posições que ampliam aspectos monográficos desenvolvidos teoricamente nos manuais.

Cada caderno está dividido em seções, e os exercícios destas são qualificados com uma, duas ou três estrelinhas, segundo o grau de dificuldade, de acordo com a técnica empregada em *Escola de Xadrez* (1 e 2).

Medir a dificuldade de um exercício não é fácil. Não apenas porque a avaliação objetiva seja difícil por si mesma, mas porque o grau de dificuldade é diferente para cada pessoa. A aspiração destes cadernos é chegar ao mais amplo número possível de enxadristas, pois só assim se justificará sua publicação. Em termos gerais, creio que o tempo de resolução deve ser de:

Primeiro nível	★	(1 estrela)	1- 3 minutos
Segundo nível	★★	(2 estrelas)	5 -10 minutos
Terceiro nível	★★★	(3 estrelas)	10 -20 minutos

O tempo de reflexão não tem por que ser excessivamente rigoroso. Os autodidatas podem guiar-se por esta estimativa orientadora, enquanto – como já se havia sugerido em *Escola de Xadrez* – o ideal é que, em seu caso, o treinador marque para um grupo de jogadores ou para um jogador determinado o tempo exato que considere oportuno para cada exercício, ou bloco de exercícios.

ATAQUES AO ROQUE

Os exercícios neste caderno ilustram ataques típicos de roque, em sua fase final, geralmente com um resultado combinatório. Os ataques ao roque pequeno foram estudados no Capítulo 8 da *Escola de Xadrez* e, em seguida, no extenso Capítulo 7 da *Escola de Xadrez 2*.

Claro, o tema do ataque ao roque é amplamente desenvolvido, além disso, nos três livros da Enciclopédia de Tática, a serem publicados proximamente pela Editora Solis (*Técnica da combinação de mate*, *Escola de Tática* e *O ataque no xadrez*), devidamente organizado por tema, com inúmeros diagramas e exercícios.

O estudante deve levar em consideração que, ao resolver os exercícios, não lhe é pedido que decifre todos e cada um dos lances da partida (que, por vezes, estão incluídos até o final, para efeito documental), mas apenas aqueles que, digamos, levem à vantagem decisiva de um lado (+ -, - +) ou empates forçados (=), quando for apropriado. Há exceções (e, nesse sentido, a orientação de um instrutor, ou o próprio bom senso do leitor, é importante), pois se o primeiro ou os dois primeiros lances produzirem essa opinião, cabe esperar que o solucionador forneça linhas concretas adicionais que enriqueçam a solução. O xadrez não é uma ciência matemática e admite diversas interpretações.

Para progredir em xadrez apenas uma fórmula é conhecida: jogar o maior número possível de partidas, junto com o estudo teórico e a análise das próprias partidas. O complemento ideal dessa fórmula é, como recomendam muitos grandes mestres, que o jogador desenvolva e aperfeiçoe sua capacidade tática e estratégica, mediante a resolução de numerosos exercícios, especialmente selecionados por sua utilidade. Como os que aqui lhe oferecemos.

1 - Mates temáticos

1 - Jogam as brancas 

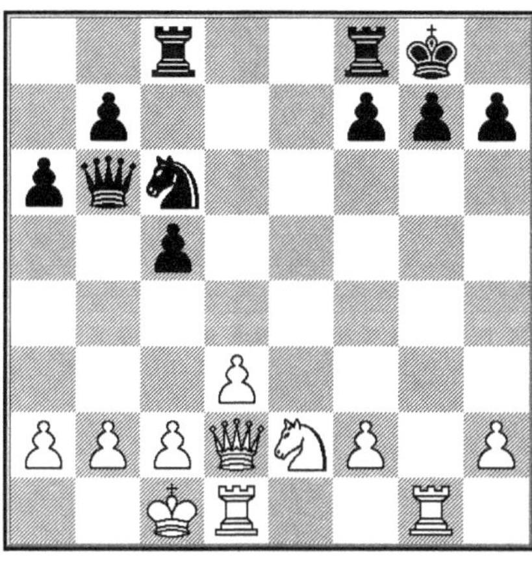

A coluna **g** aberta (ou semiaberta) sobre o oposto geralmente é uma panaceia. Como explorar isso aqui?

3 - Jogam as brancas 

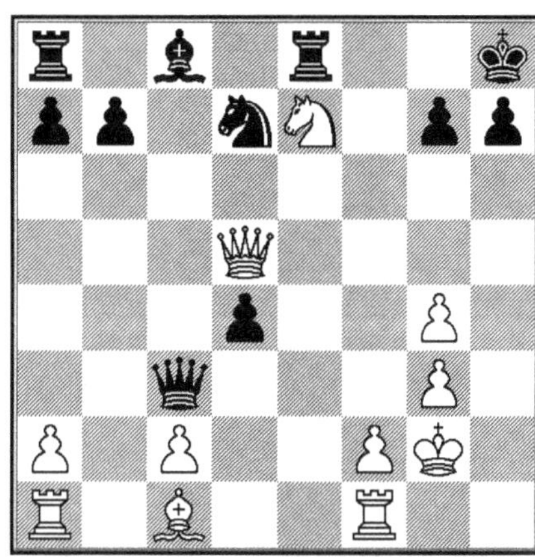

Sua visão certeira detectará rapidamente a imagem de um mate inapelável.

2 - Jogam as brancas 

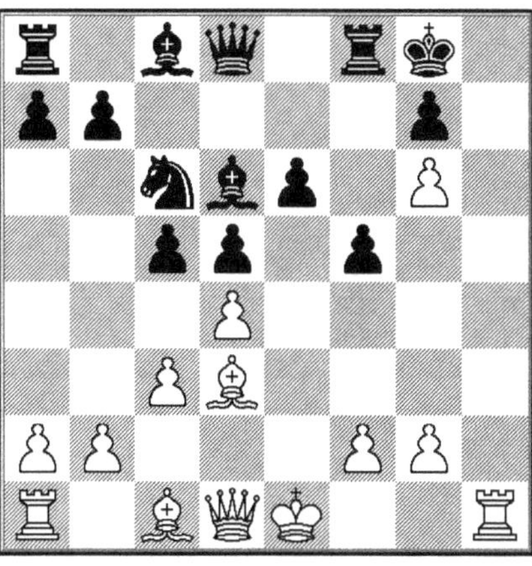

Também a coluna **h**, que, em colaboração com o peão de **g6**, propicia um mate padrão.

4 - Jogam as brancas 

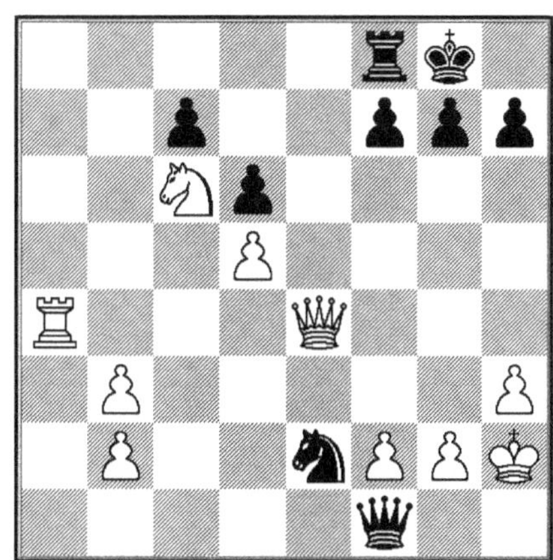

As pretas ameaçam mate em **g1**, mas as brancas chegam antes para aplicar um mate que alguns chamam de Anastácia.

1 - Mates temáticos

5 - Jogam as brancas ★ ★

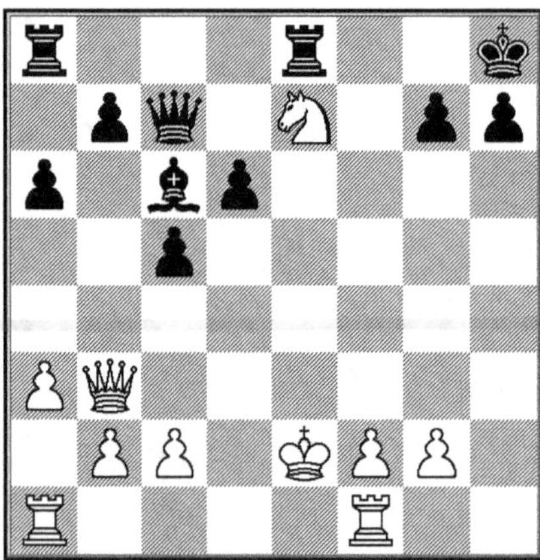

Temos aqui uma variação sobre o tema do exercício 3. Um pouco mais difícil, mas não muito.

7 - Jogam as pretas ★ ★

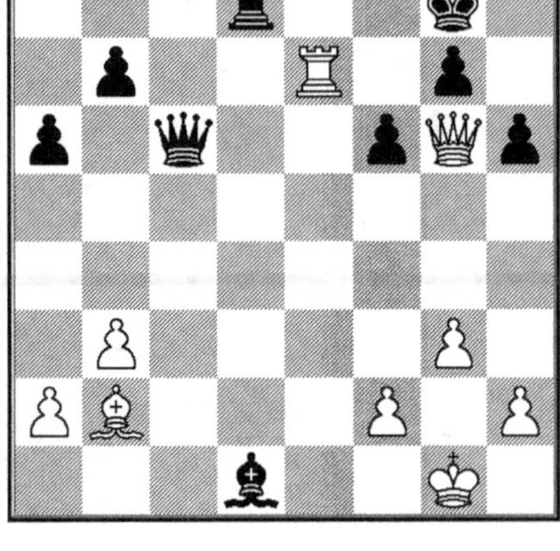

Frente à ameaça de mate em g7, as pretas respondem com um desenlace inesperado e espetacular.

6 - Jogam as brancas ★ ★

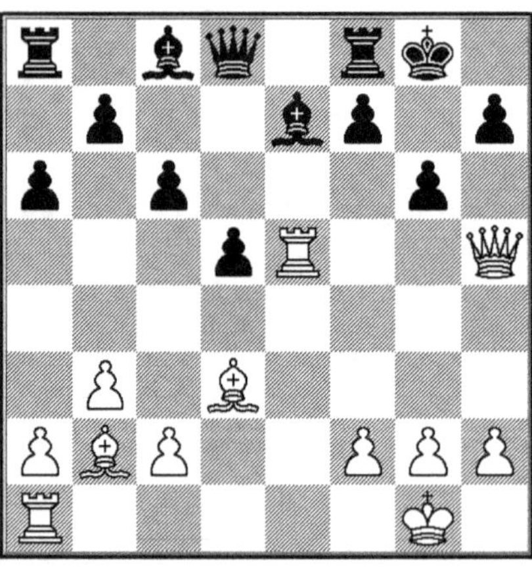

Observe atentamente a grande atividade de quatro peças brancas e descubra a trama. *Eureka!*

8 - Jogam as brancas ★ ★

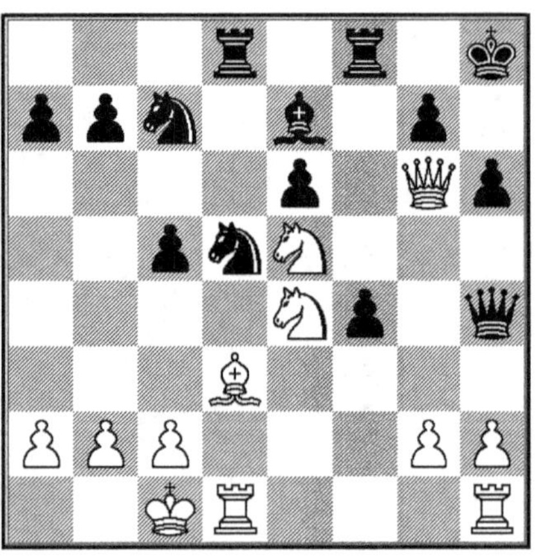

Não menos espetacular é este mate, que se baseia nos temas de *atração* e *ataque descoberto*.

1 - Mates temáticos

9 - Jogam as brancas  ★ ★

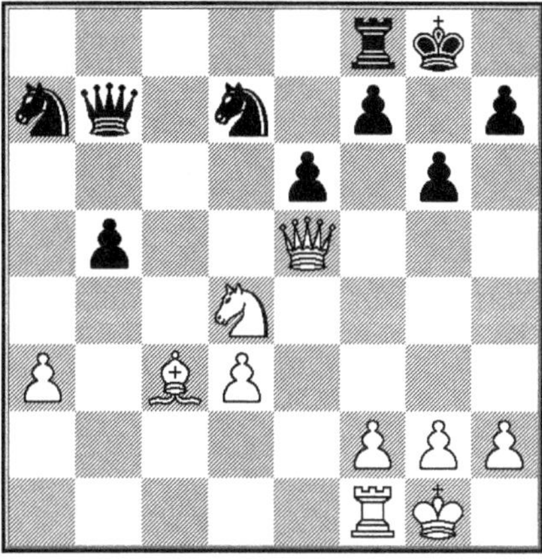

Eis aqui um belo mate, baseado na bomba atômica que é o xeque descoberto.

11 - Jogam as brancas  ★ ★

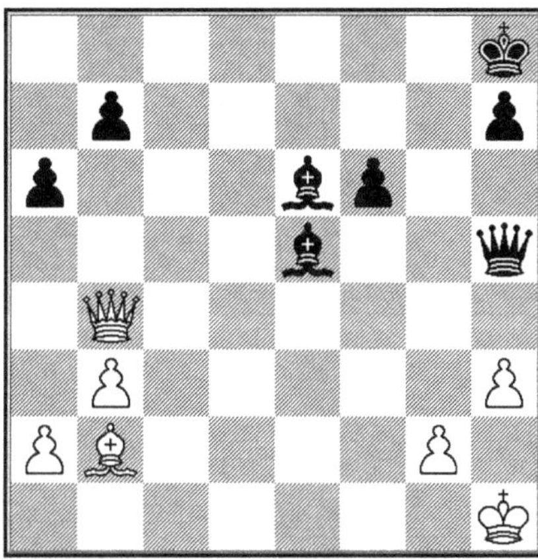

Uma ação de *raios-X* permite aqui um desenlace totalmente assombroso. Observe que as pretas têm peça de vantagem.

10 - Jogam as pretas  ★ ★

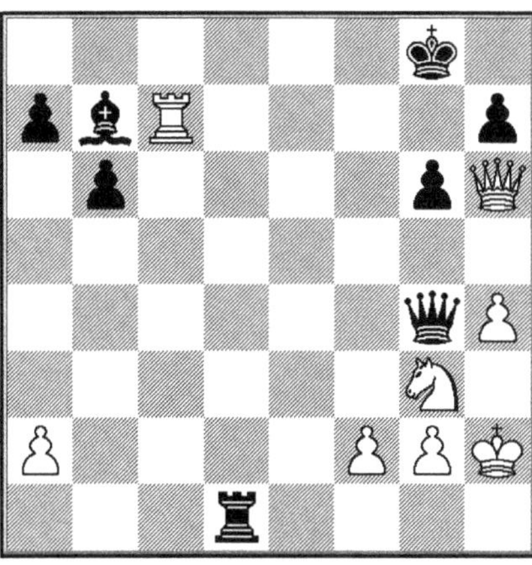

Que as árvores não o impeçam de ver o bosque. (Que as peças não o impeçam de ver a ação).

12 - Jogam as brancas  ★ ★

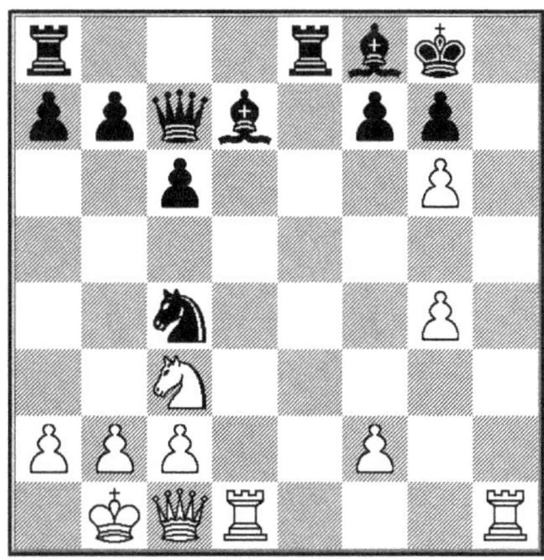

Aqui temos uma versão mais sofisticada do tema de mate que vimos no exercício 2. Resolva.

1 - Mates temáticos

13 - Jogam as pretas ★★

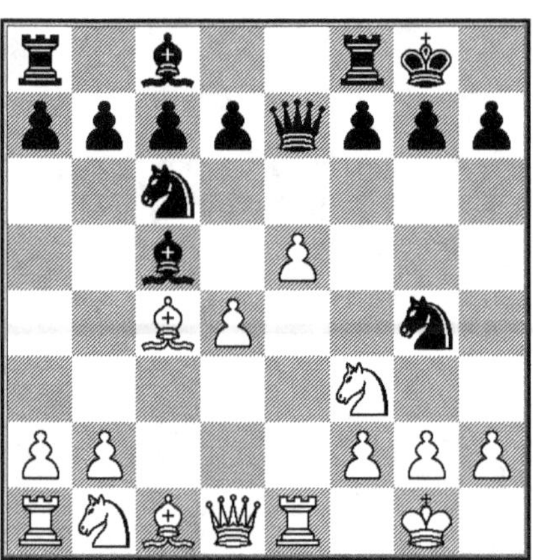

Parece que as brancas conseguiram uma grande vantagem com seus peões centrais móveis. É isso mesmo?

15 - Jogam as pretas ★★

Desenlace inesperado em uma partida entre dois grandes mestres. Qual é a sua solução?

14 - Jogam as brancas ★★

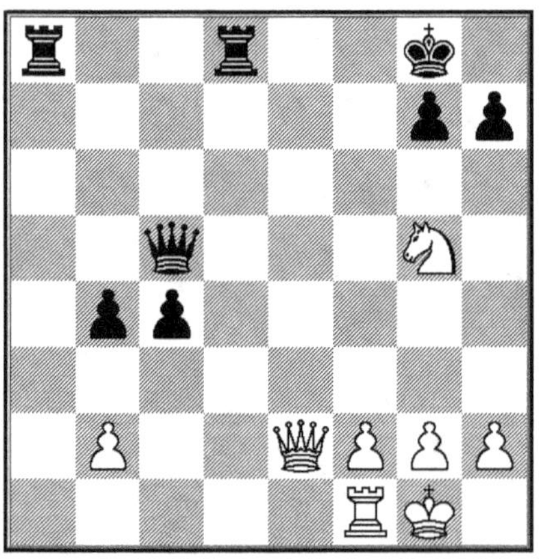

As pretas têm vantagem material, mas seu adversário dispõe agora de uma rede de mate. De que forma se executa?

16 - Jogam as brancas ★★

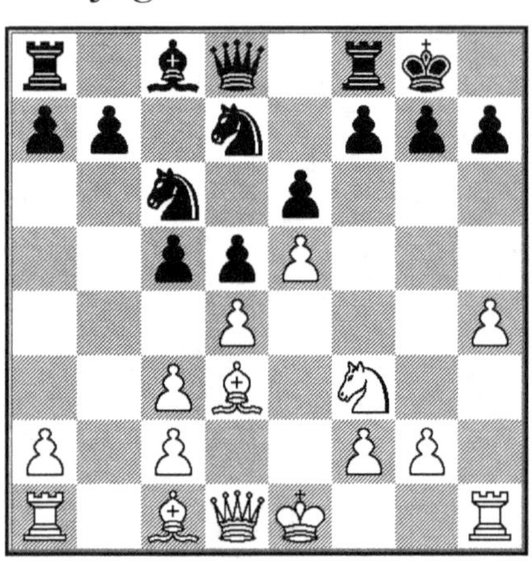

O *presente de grego* é um sacrifício temático recorrente. Mas o mais mínimo detalhe pode modificar o resultado.

2 - Ataques clássicos

17 - Jogam as brancas 

Espetacular, embora simples. Procure memorizar este esquema, porque pode resultar muito útil na sua prática.

19 - Jogam as pretas 

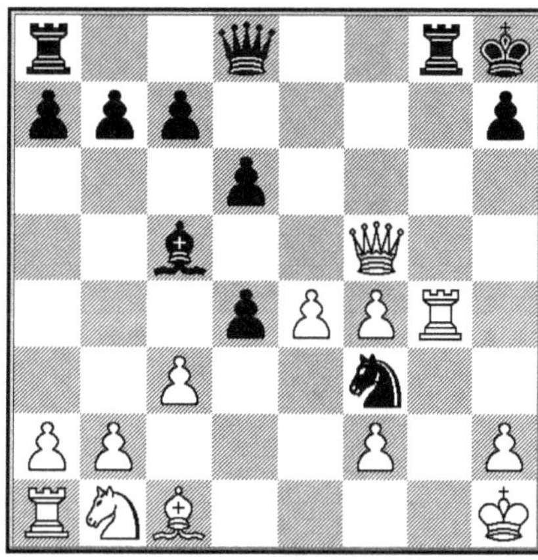

Sem dúvida você encontrará o toque do primeiro campeão mundial. O subdesenvolvimento das brancas cobra o seu preço.

18 - Jogam as brancas 

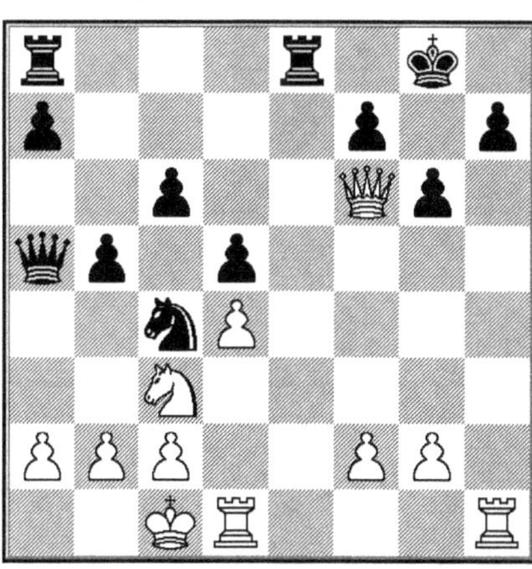

As colunas abertas contra o roque são uma via potencial para a invasão. Dessa forma, utilize-as.

20 - Jogam as brancas 

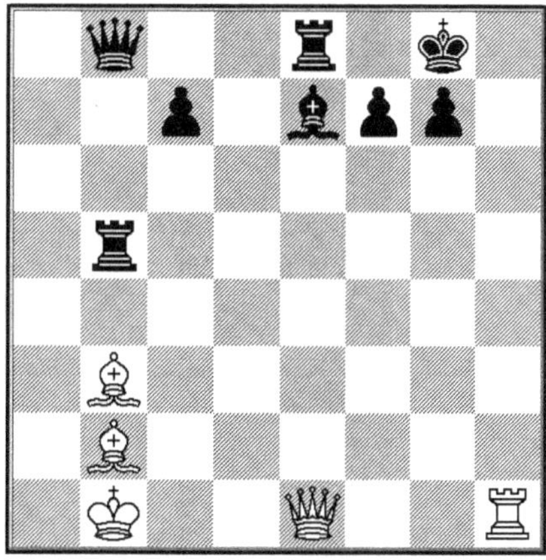

Nesta trama, concebida pelo grande Anderssen, as brancas decidem a luta com ameaças de primeira ordem. Como?

2 - Ataques clássicos

21 - Jogam as brancas ★★

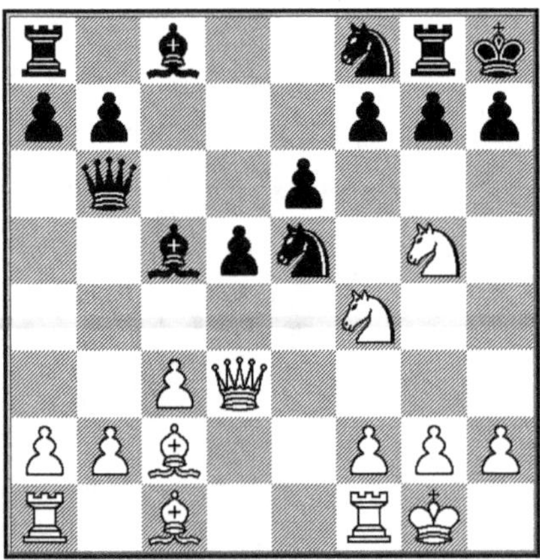

Pode ser que não veja de imediato esta combinação, mas, como se costuma dizer, persevere!

23 - Jogam as brancas ★★

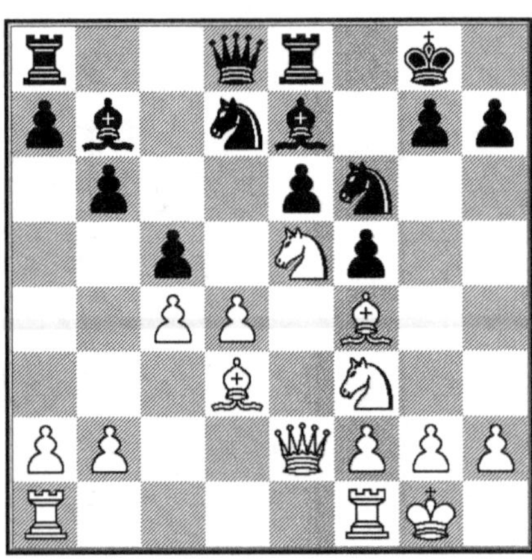

O mágico Alekhine tira um coelho da cartola... Claro que o coelho é branco!

22 - Jogam as brancas ★★

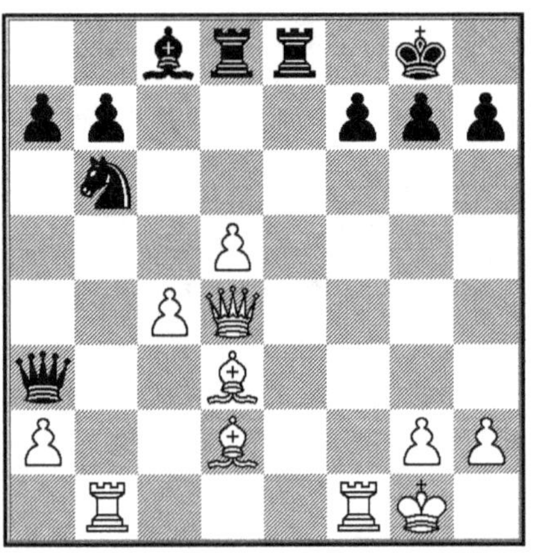

O rei das pretas foi abandonado por suas hostes. Assim sendo, é apenas uma questão de armar a sequência exata.

24 - Jogam as brancas ★★

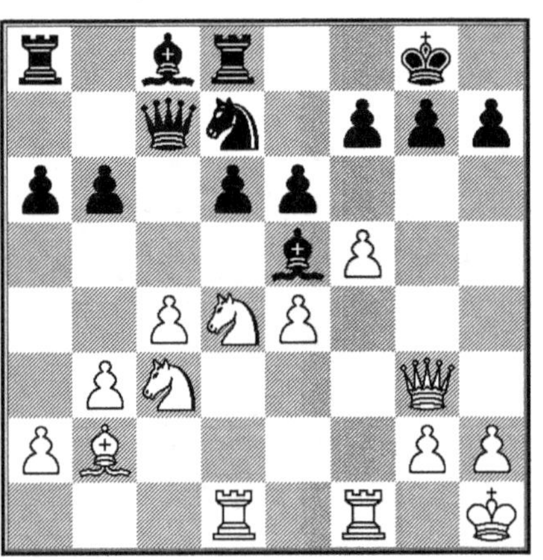

As brancas já iniciaram um ataque ao roque inimigo e suas peças ocupam posições ótimas. Arremate!

2 - Ataques clássicos

25 - Jogam as brancas ★ ★ ★

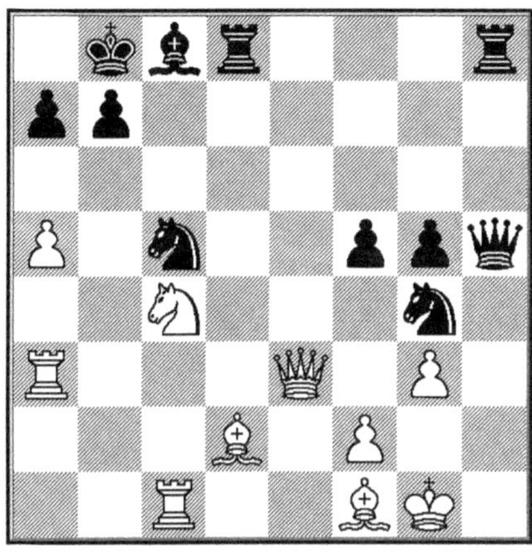

O rei das brancas está ameaçado de mate. Para impedi-lo, "só" têm que encadear uma sequência de sacrifícios.

26 - Jogam as pretas ★ ★ ★

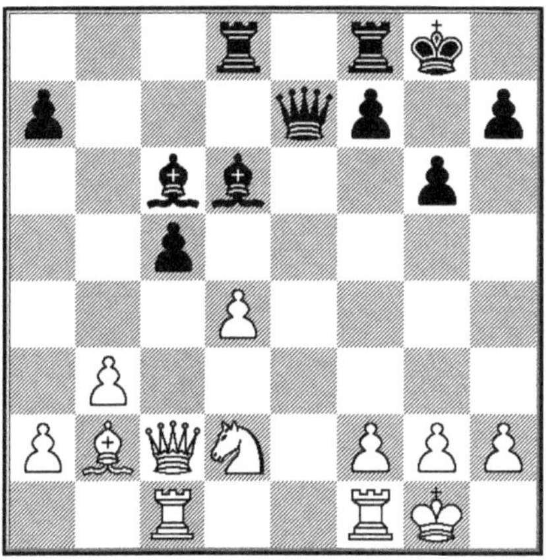

A posição está madura para um ataque decisivo sobre o roque das brancas. O que nos propõe?

27 - Jogam as brancas ★ ★ ★

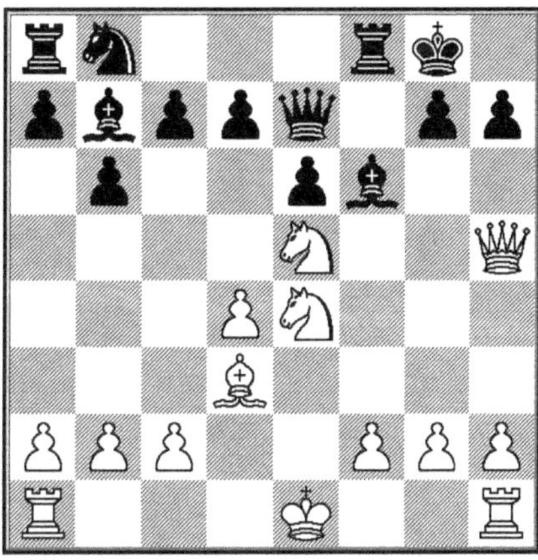

Há partidas amistosas muito pouco amistosas, como esta, na qual as brancas desmantelam a posição adversária!

28 - Jogam as pretas ★ ★ ★

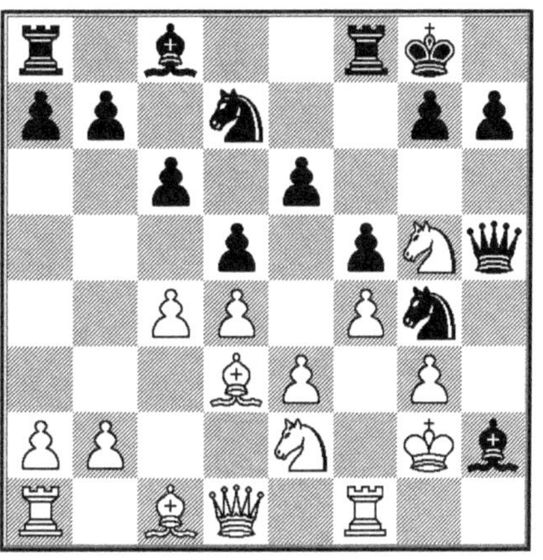

Parece que o ataque das pretas chegou a um ponto morto. As brancas ameaçam consolidar com ♖h1 e ♘f3.

2 - Ataques clássicos

29 - Jogam as pretas ★★★

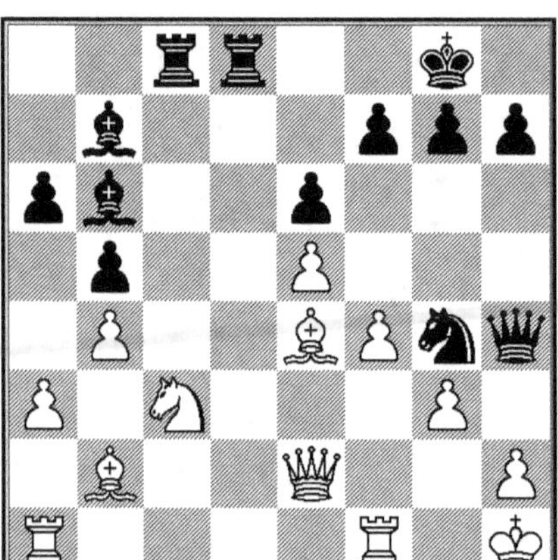

As seis peças das pretas oferecem um panorama de imemorável coordenação tática. Como a exploraria?

31 - Jogam as pretas ★★★

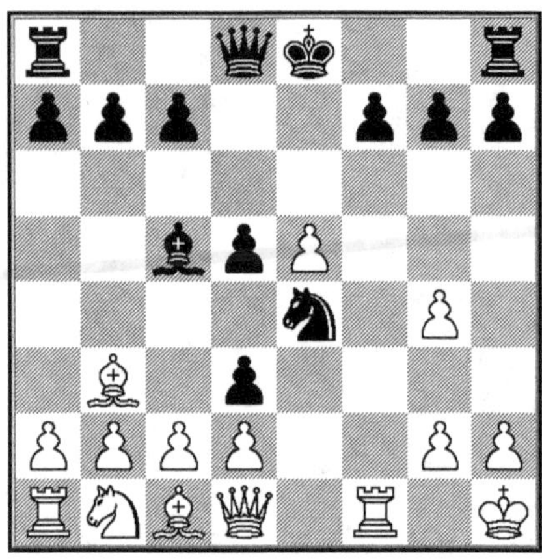

A explorar a fragilidade do roque, as pretas darão uma lição magistral a nada menos que o grande Anderssen.

30 - Jogam as brancas ★★★

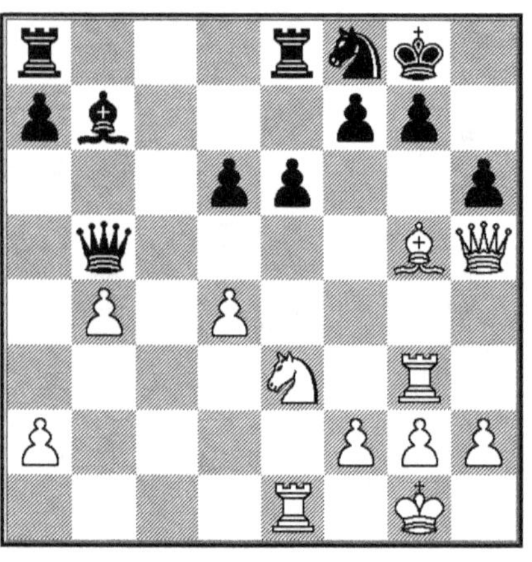

O bispo de g5 está cravado, mas o jovem Carlos Torre surpreendeu por completo um campeão com uma combinação de altos voos.

32 - Jogam as brancas ★★★

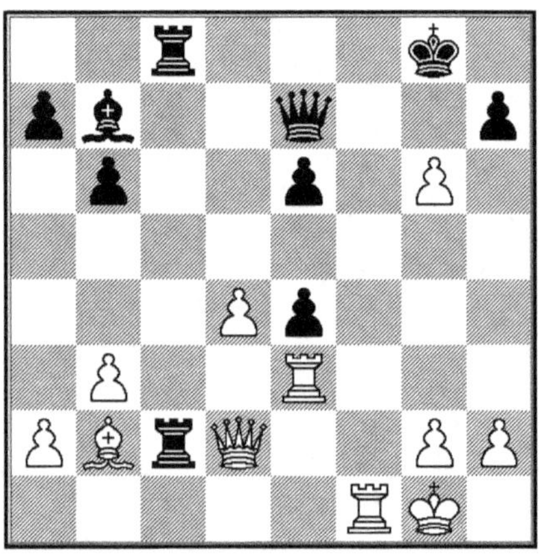

Reflita, aprofunde-se e mergulhe em uma das combinações mais maravilhosas do século XIX.

3 - Ataques ao roque pequeno

33 - Jogam as brancas 

Examine a disposição das peças e encontrará uma simples combinação vencedora.

35 - Jogam as brancas 

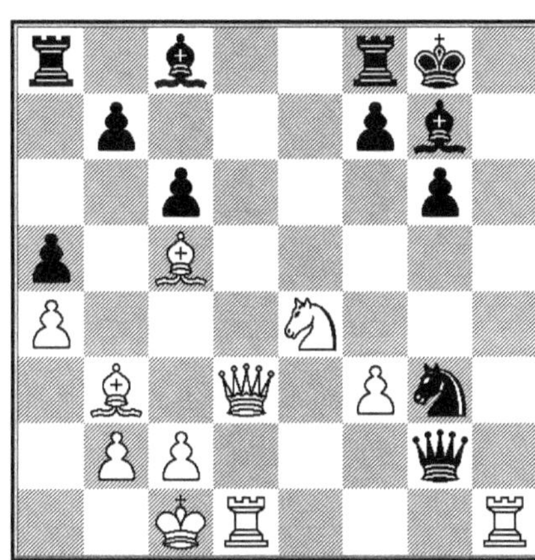

As pretas acabam de cometer um grave erro (21...♞g3??). De que modo serão castigadas pelas brancas?

34 - Jogam as brancas 

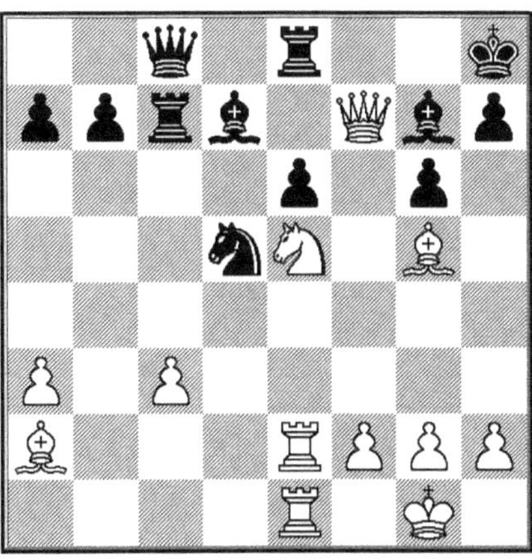

Uma vez mais, a ótima disposição agressiva das peças brancas é decisiva.

36 - Jogam as brancas 

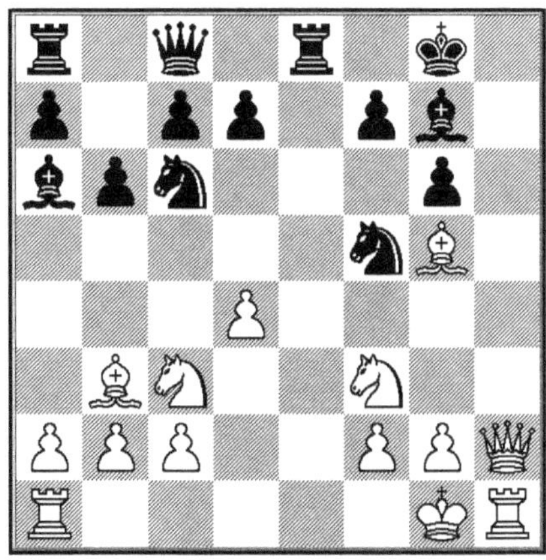

A coluna h aberta sempre é um fator de alto risco para o roque. Como a exploraria aqui?

3 - Ataques ao roque pequeno

37 - Jogam as pretas 

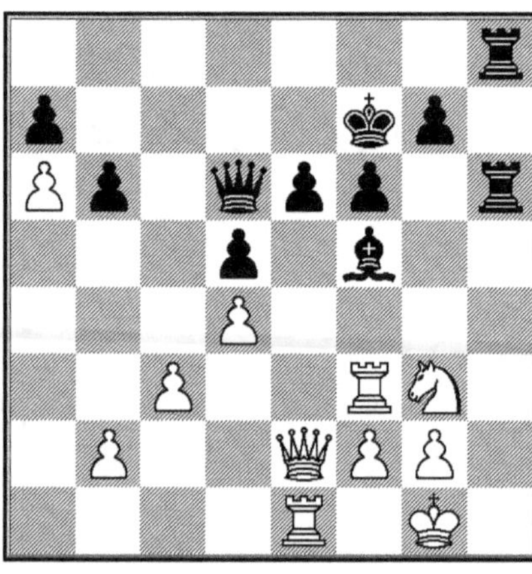

Lembre-se do comentário do exercício anterior; poderá agir aqui em consequência...

39 - Jogam as brancas 

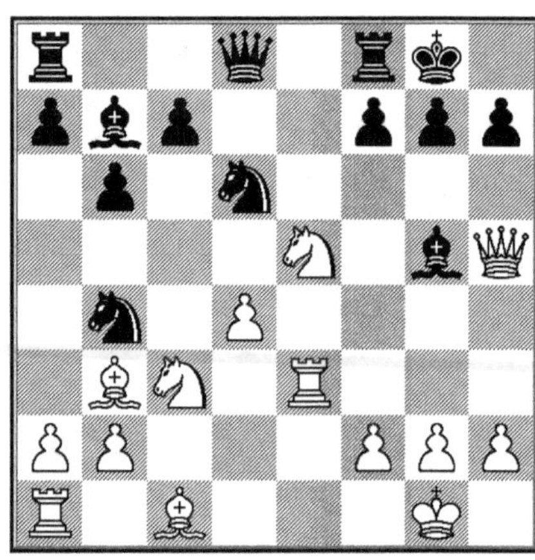

Frente ao ataque a **h7**, as pretas planejam sustentar sua casa **g5**, mas algo falha. O quê?

38 - Jogam as brancas 

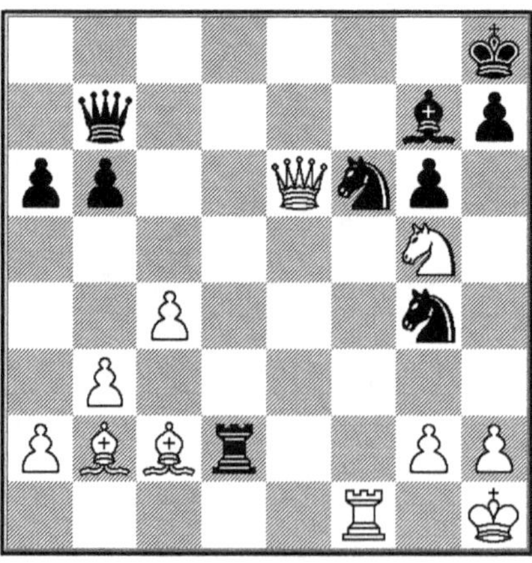

Se a posição é boa, uma surpresa tática sempre pode estar escondida...

40 - Jogam as pretas 

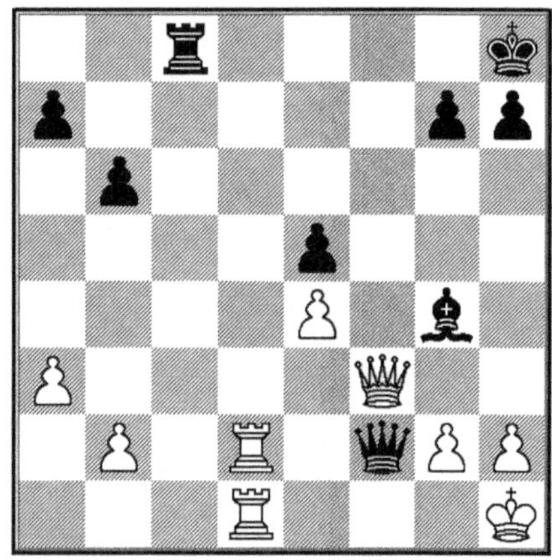

As brancas têm qualidade de vantagem e ameaçam mate na última fileira. Como desequilibraria os acontecimentos a seu favor?

3 - Ataques ao roque pequeno

41 - Jogam as brancas 

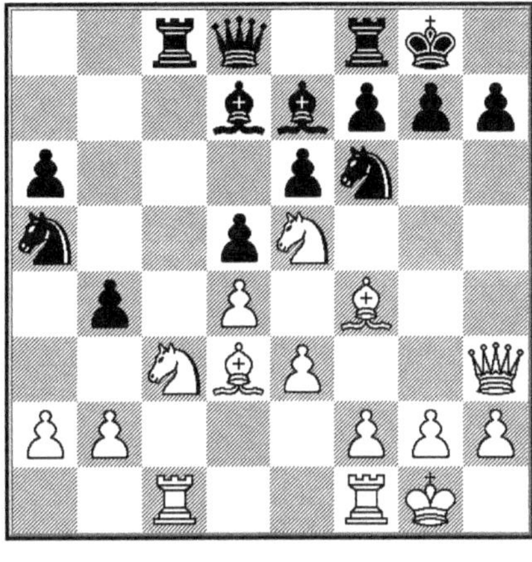

Dada sua vantagem espacial e a maior atividade das peças, é lógico que as brancas tenham uma combinação vencedora.

43 - Jogam as pretas 

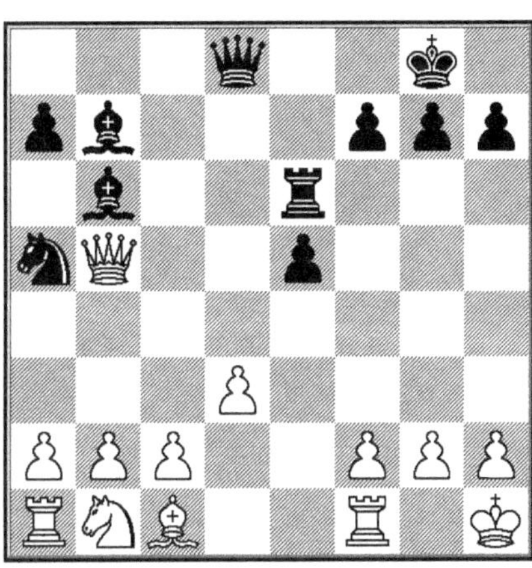

O subdesenvolvimento da ala da dama das brancas deve exercer um peso específico sobre a posição, maximize com um rei desamparado.

42 - Jogam as pretas 

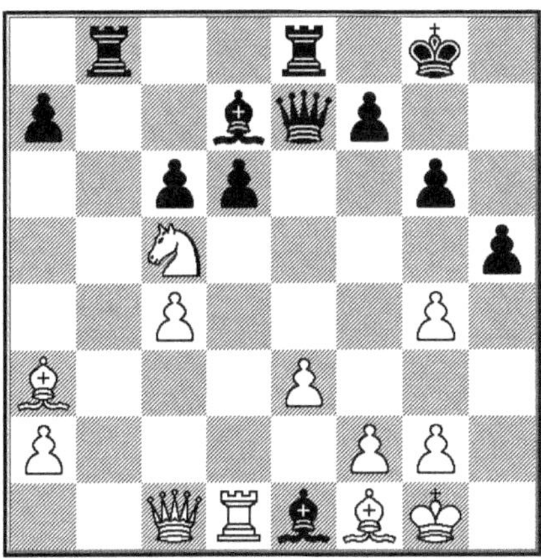

Somente um lance (e suas variantes correspondentes) e você alcançará o céu.

44 - Jogam as brancas 

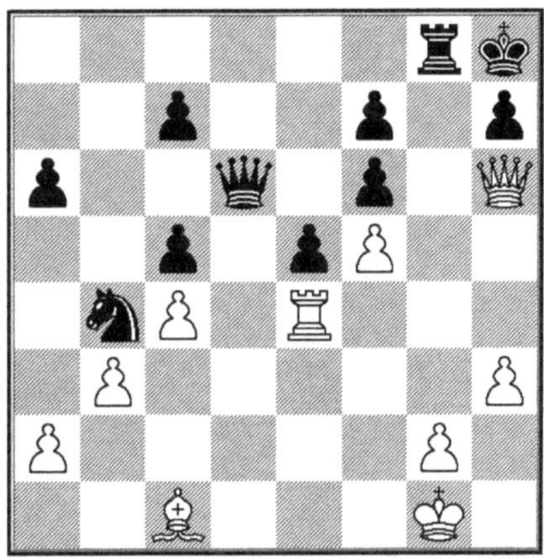

Tampouco é muito difícil esta posição. Examine bem a disposição das peças e consulte seus modelos mentais.

3 - Ataques ao roque pequeno

45 - Jogam as brancas ★ ★

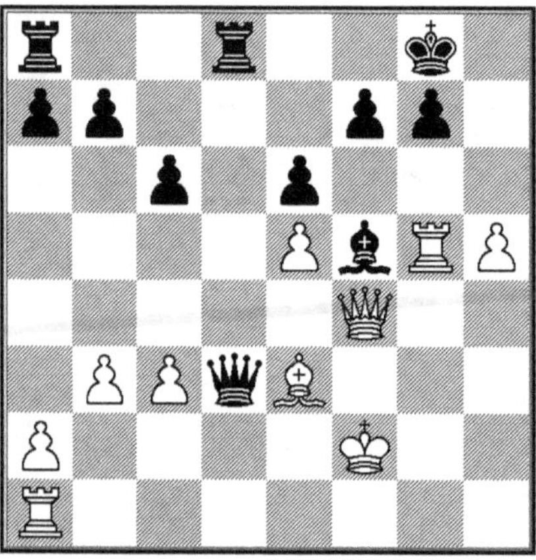

O roque das pretas é mais do que vulnerável. Somente se pede que arremate com precisão.

47 - Jogam as brancas ★ ★

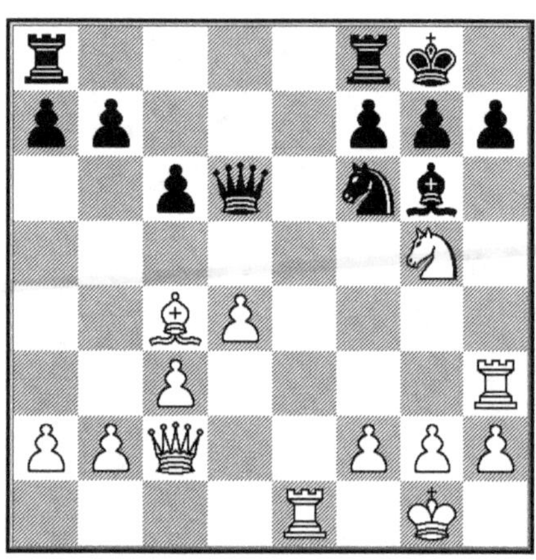

Não se deixe enganar pelas aparências. A posição das pretas parece sólida, mas somente parece. Sequência retilínea.

46 - Jogam as brancas ★ ★

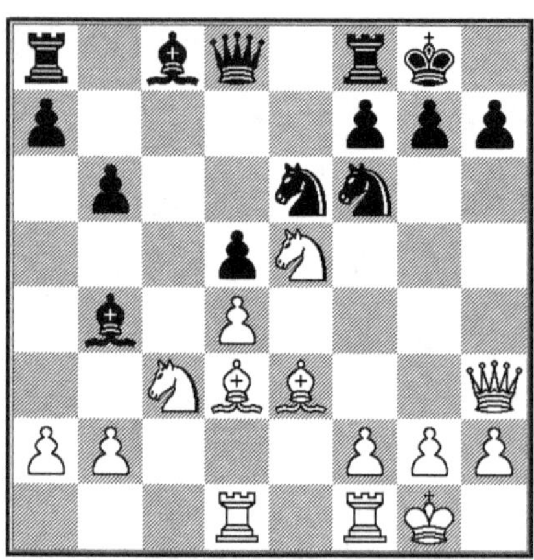

Há uma linha direta que conduz à vitória imediata das brancas. Pode mostrá-la?

48 - Jogam as pretas ★ ★

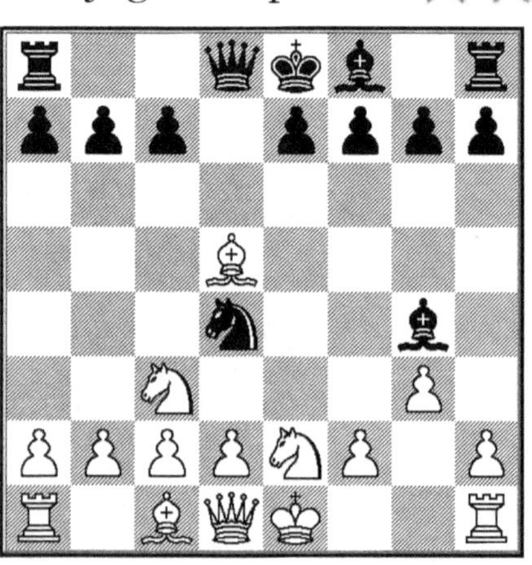

As brancas capturaram um cavalo em d5. De que forma as pretas podem castigar essa ambição?

3 - Ataques ao roque pequeno

49 - Jogam as brancas ★ ★

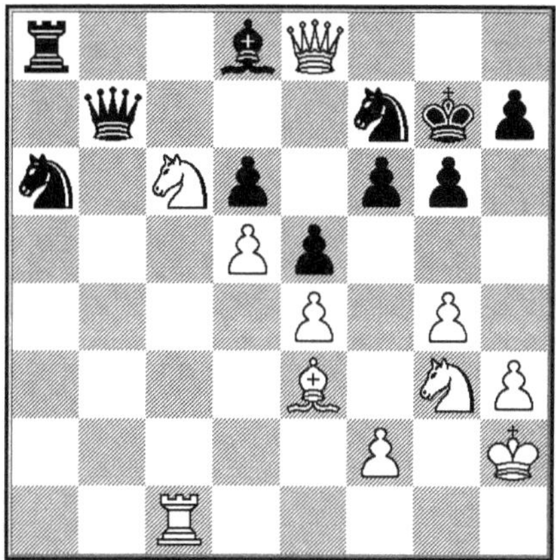

As peças brancas são demasiado dominantes. Descubra o arremate e terá emulado o grande tático Sergei Karjakin.

51 - Jogam as brancas ★ ★

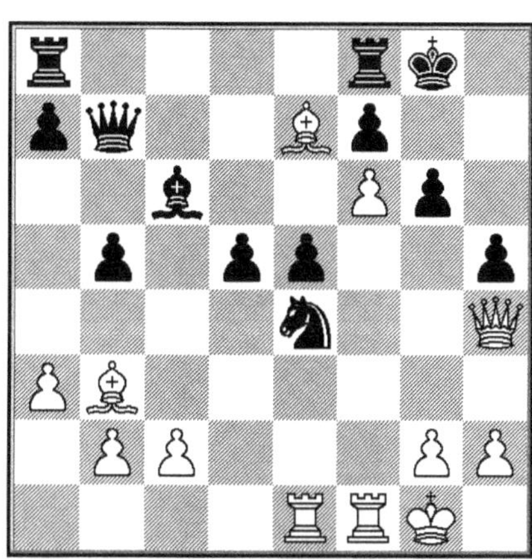

Tome nota do peão em cunha de f6 e da debilidade das casas escuras no roque das pretas. Atue em consequência.

50 - Jogam as brancas ★ ★

A concentração de peças brancas na ala do rei sugere que deve existir um ataque ganhador. A questão é: qual?

52 - Jogam as brancas ★ ★

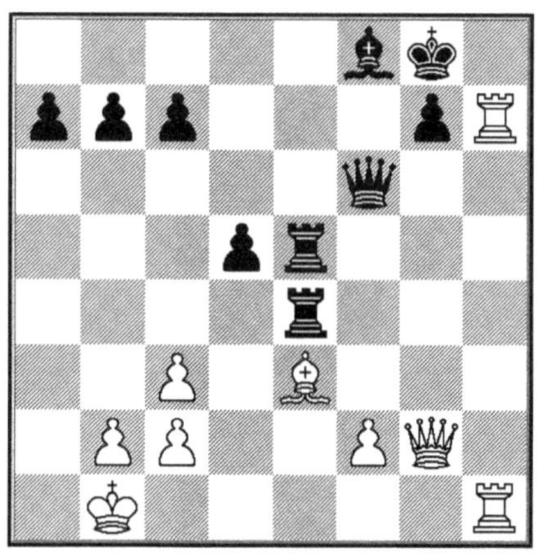

É óbvio que o domínio da coluna h dá clara vantagem para as brancas. O difícil é concretizar essa vantagem. O que você faria?

3 - Ataques ao roque pequeno

53 - Jogam as brancas ★ ★

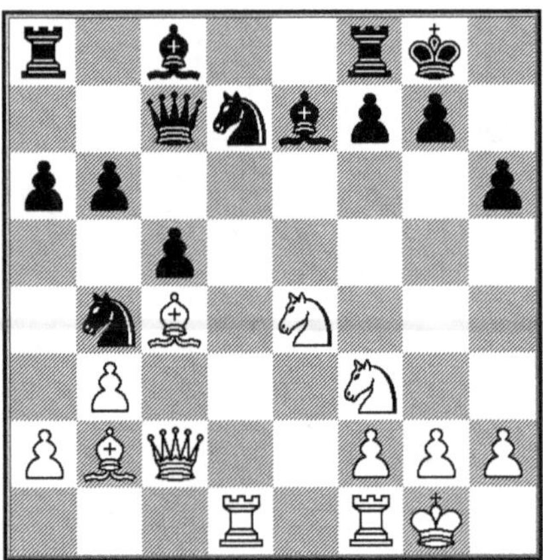

As brancas têm um jogo mais livre e seus bispos apontam para o roque inimigo. O que você sugeriria?

55 - Jogam as brancas ★ ★

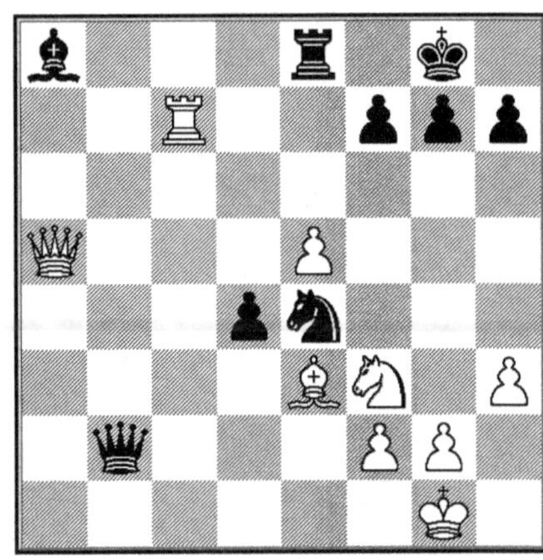

As brancas devem responder ao avanço 35...d4. Não lhe parece que sua torre na sétima merece algum protagonismo?

54 - Jogam as brancas ★ ★

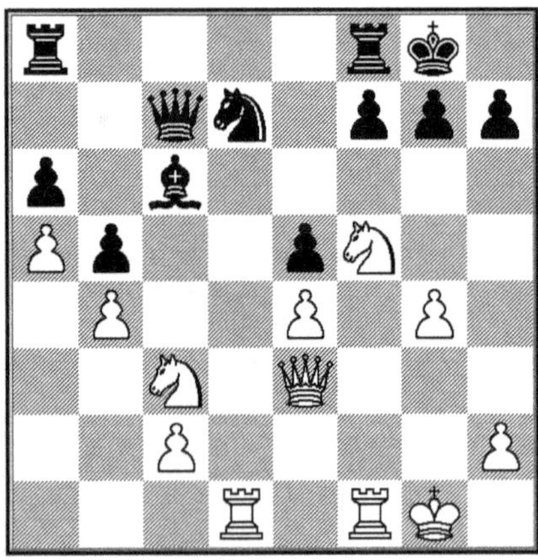

Já se terá dado conta de que a posição sugere ataque ao roque. A questão é como executá-lo, sem lacunas.

56 - Jogam as brancas ★ ★

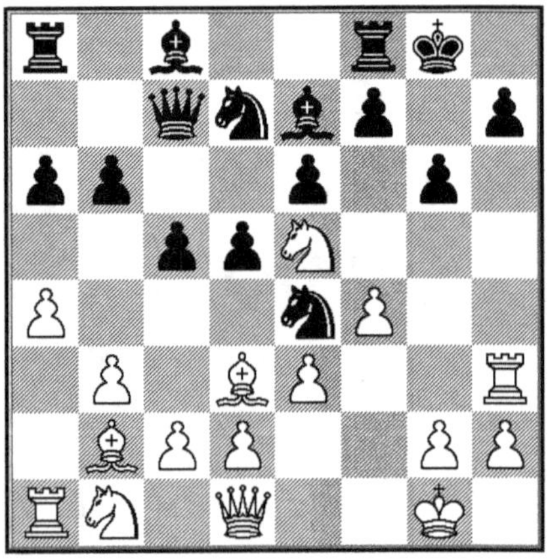

Às vezes as coisas não são o que parecem, mas inclusive são mais fáceis do que parecem.

3 - Ataques ao roque pequeno

57 - Jogam as pretas ★ ★

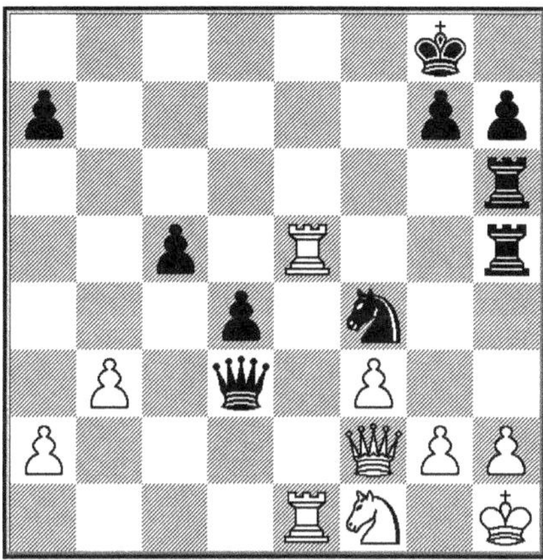

As pretas dispõem de uma sequência tática eficaz para plasmar sua superioridade posicional. Qual é?

59 - Jogam as brancas ★ ★

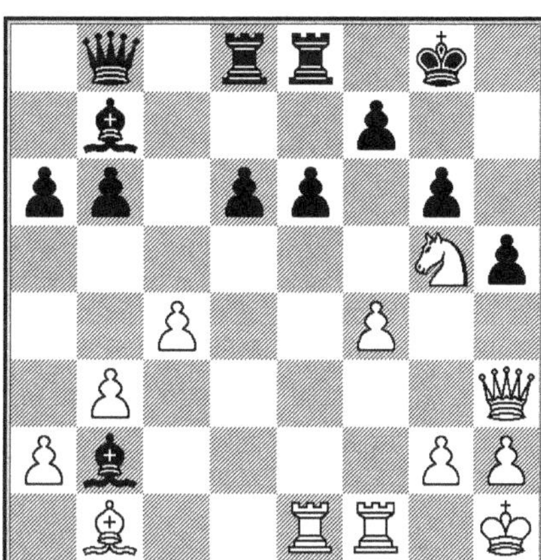

Não há dúvida de que as brancas têm posições ótimas para suas peças, mas também têm um peão a menos.

58 - Jogam as brancas ★ ★

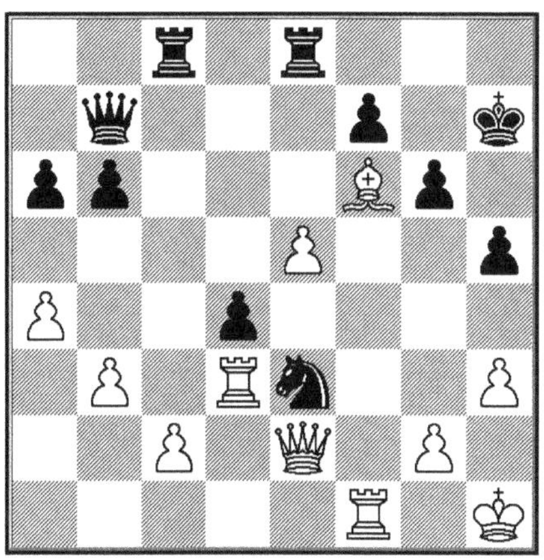

Casas escuras muito enfraquecidas no roque das pretas. Qual o caminho a seguir?

60 - Jogam as brancas ★ ★

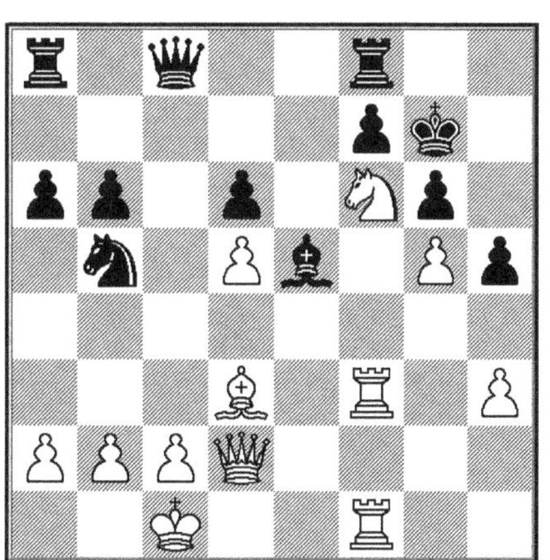

O forte cavalo e as torres dobradas da coluna f dão clara vantagem para as brancas, mas como concretizá-la?

3 - Ataques ao roque pequeno

61 - Jogam as brancas ★ ★

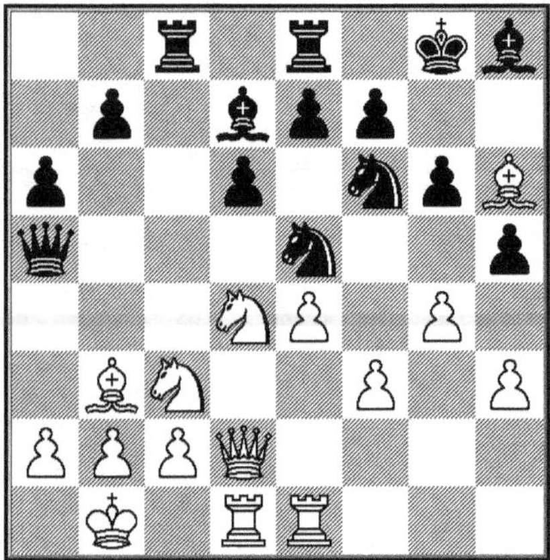

As brancas têm uma formação muito eficiente. Como você interpretaria a ordem de ataque?

63 - Jogam as brancas ★ ★

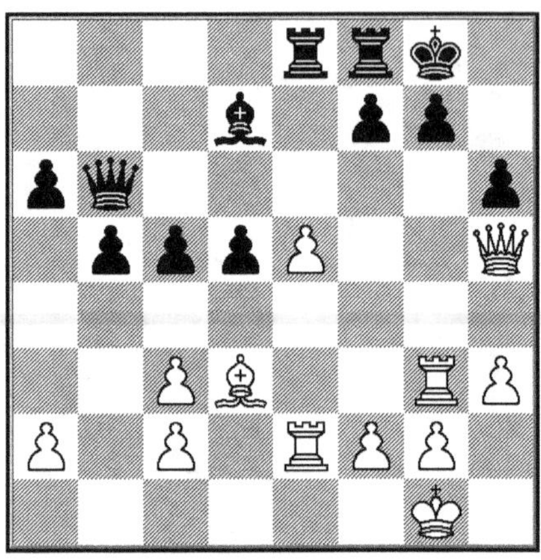

Observe a direção para onde apontam as peças brancas. Mas, devem se preocupar pela ameaça ao seu bispo?

62 - Jogam as pretas ★ ★

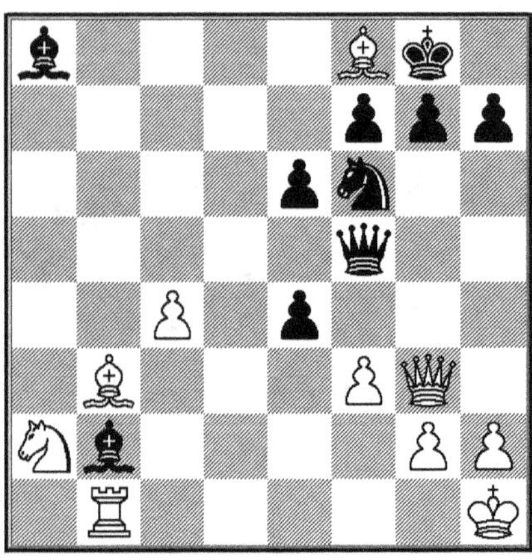

As brancas acabam de capturar a torre de f8. O que lhe ocorre para desequilibrar definitivamente a balança para o lado das pretas?

64 - Jogam as brancas ★ ★

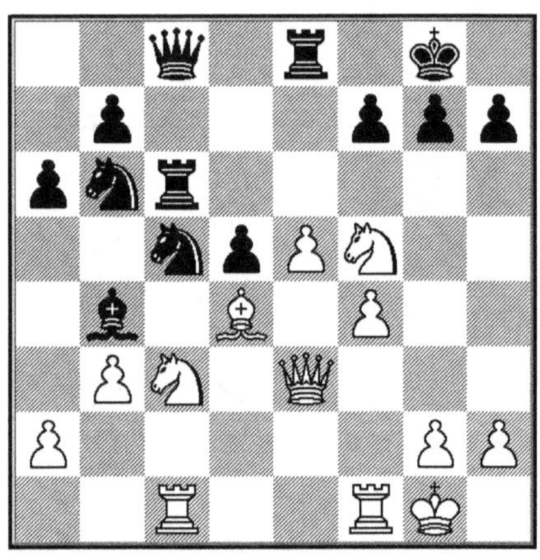

A torre de c6 protege a sexta fileira, mas não estaria o rei das pretas um pouco descoberto? Como seguiria?

3 - Ataques ao roque pequeno

65 - Jogam as brancas ★ ★

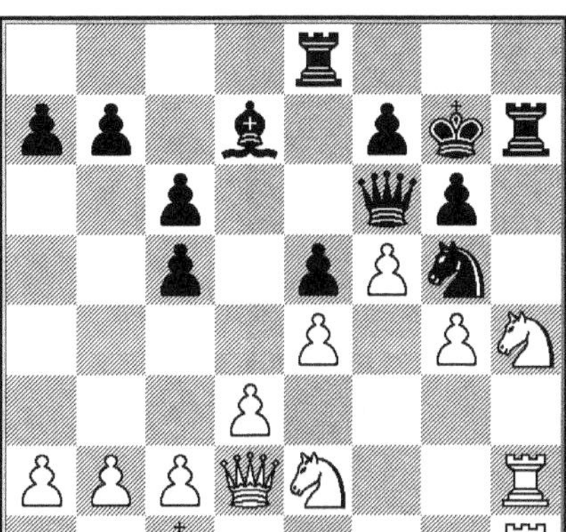

Como explorar a superioridade espacial e a posição dominante das peças brancas?

67 - Jogam as brancas ★ ★

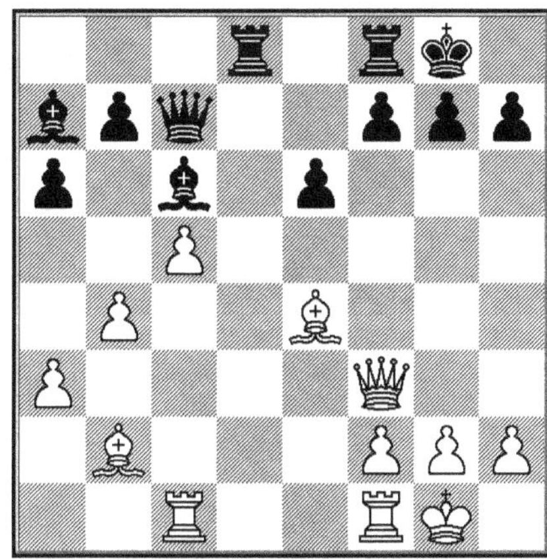

Se pudéssemos facilitar as coisas... Mas mais vale que seja você que descubra a forma de assalto ao castelo das pretas.

66 - Jogam as brancas ★ ★

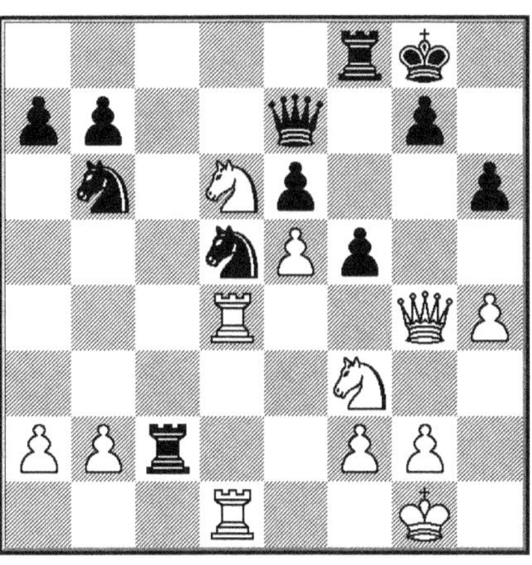

As brancas estão obrigadas a apostar pela decisiva chance do ataque. Como você conduziria?

68 - Jogam as brancas ★ ★

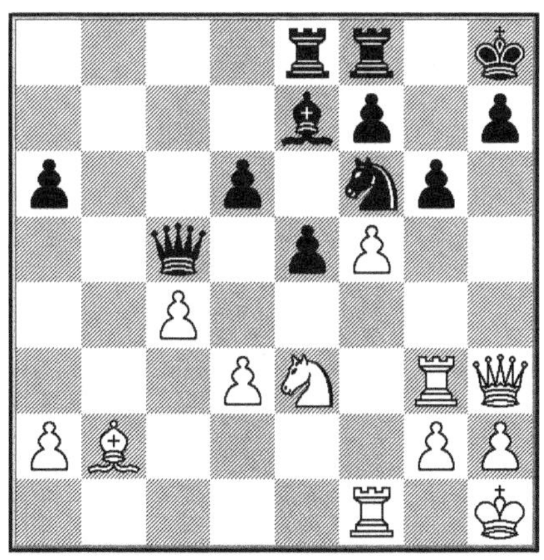

O dispositivo de ataque já está montado. Falta um pequeno detalhe para completar o mecanismo executor.

3 - Ataques ao roque pequeno

69 - Jogam as brancas ★★

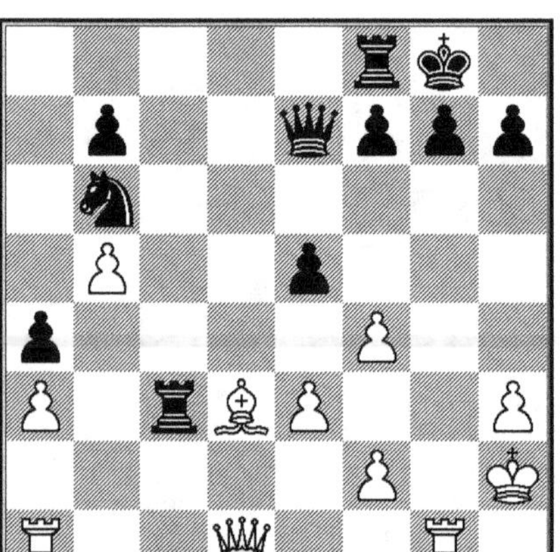

Linhas abertas e peças a apontar para o rei inimigo. O que mais você precisa para lançar um ataque devastador?

71 - Jogam as brancas ★★

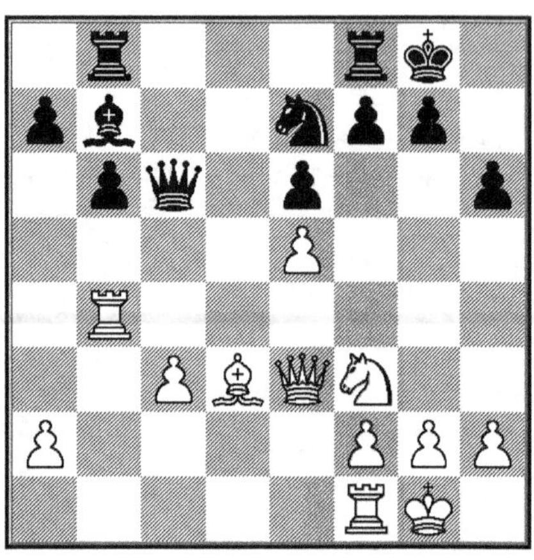

Coloque em marcha seu dispositivo de ataque e analise possíveis continuações defensivas.

70 - Jogam as brancas ★★

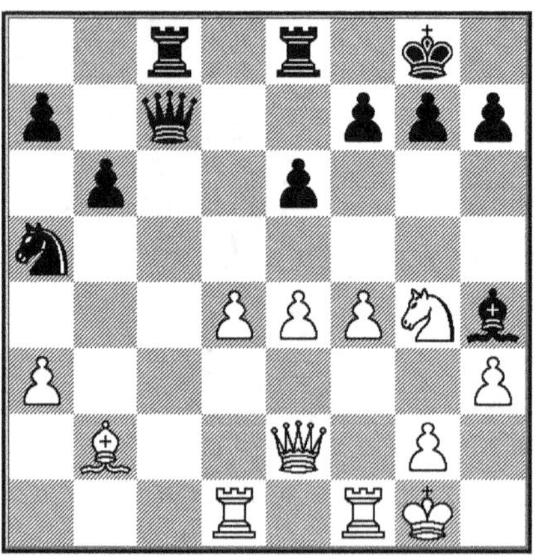

As peças menores pretas estão na beirada, enquanto as tropas brancas são extremamente compactas. Ataque!

72 - Jogam as brancas ★★

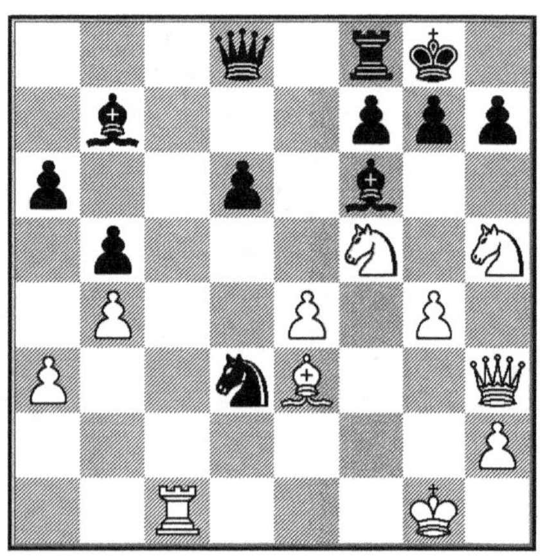

O roque das pretas oferece uma imagem compacta, mas as peças brancas são hiperativas. Dite e atue!

3 - Ataques ao roque pequeno

73 - Jogam as brancas ★★

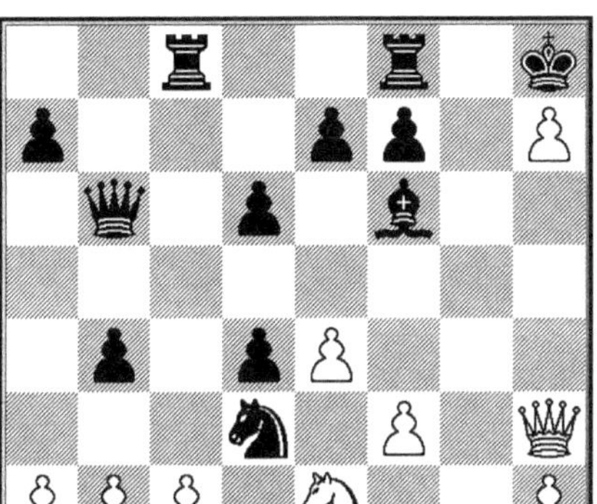

Um bom exemplo do jogo de colunas contra o roque: um GM é derrotado por um jogador com 300 pontos Elo a menos!

75 - Jogam as brancas ★★

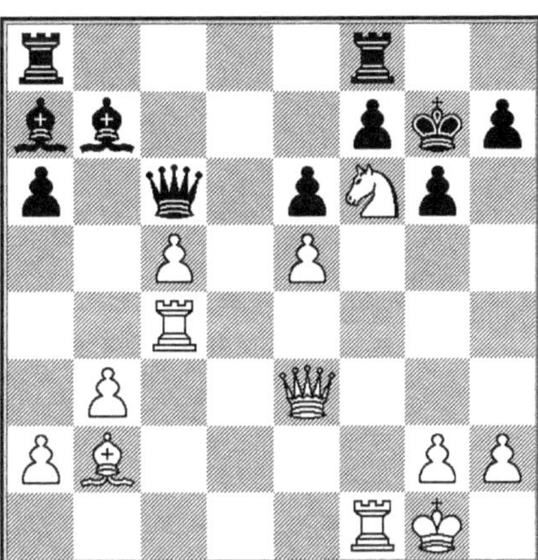

As peças brancas ocupam posições dominantes, que sem dúvida você saberá explorar bem. Cuidado com o mate.

74 - Jogam as brancas ★★

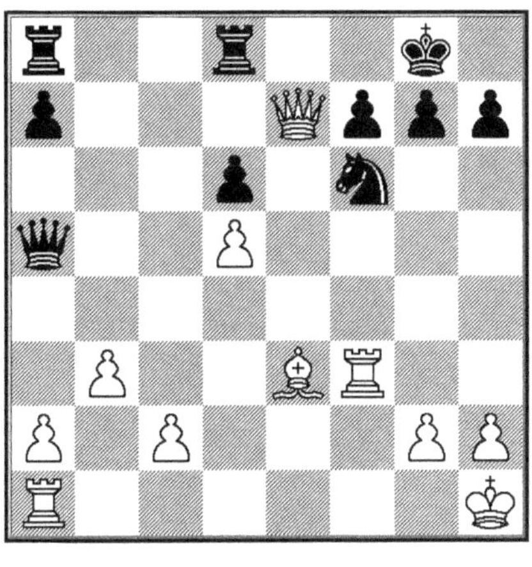

As brancas inclinarão decisivamente a luta a seu favor, explorando fatores táticos. De que forma?

76 - Jogam as brancas ★★

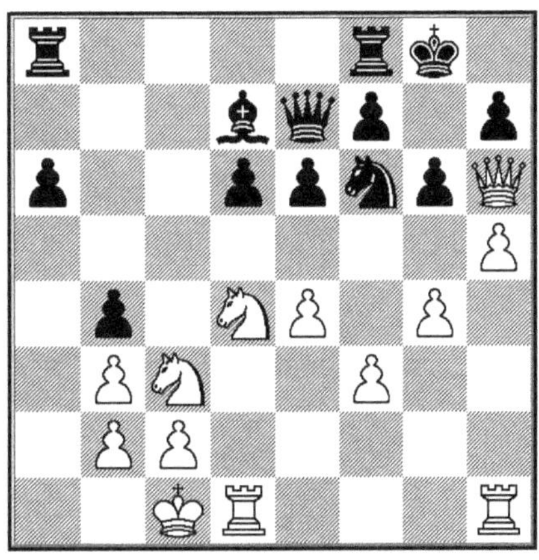

Posição característica do Ataque Iugoslavo, na Variante do Dragão. Como a fortaleza preta é demolida?

3 - Ataques ao roque pequeno

77 - Jogam as brancas ★ ★

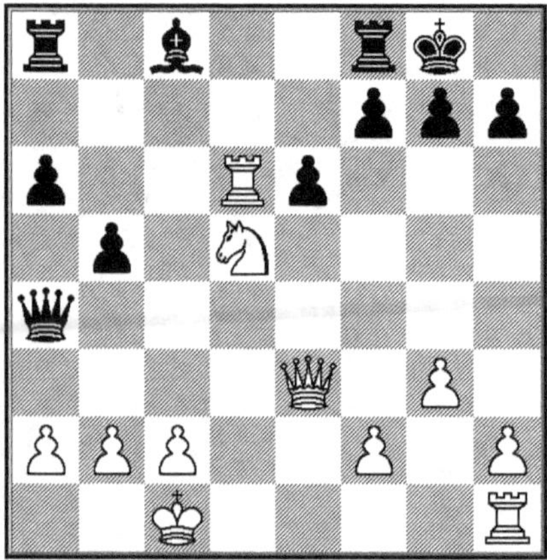

Você vê um ataque direto das brancas como possível? A posição da dama das pretas é favorável aos seus interesses.

79 - Jogam as brancas ★ ★

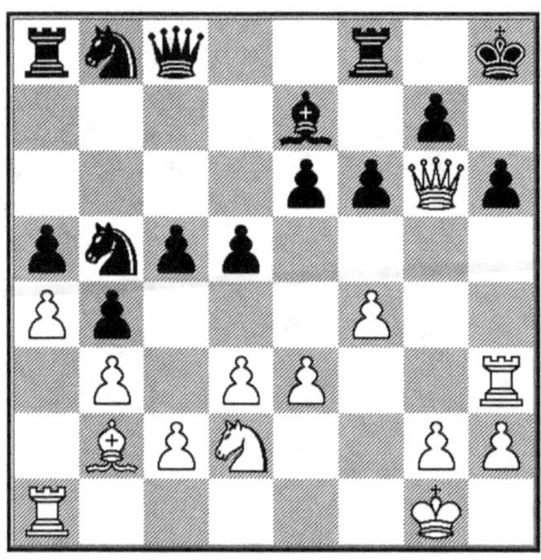

O grande mestre Esteban Canal ganhou um de seus prêmios de brilhantismo aqui, mas cuidado com a ordem dos sacrifícios!

78 - Jogam as brancas ★ ★

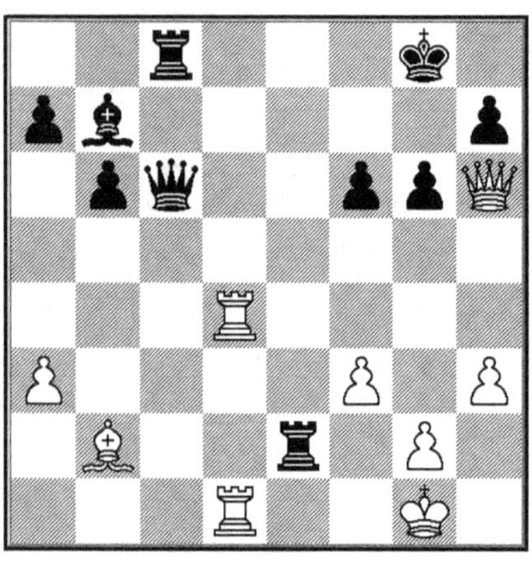

Com seu último lance, 27...♖e8–e2?, as pretas demonstraram otimismo em excesso. Como serão punidas?

80 - Jogam as brancas ★ ★

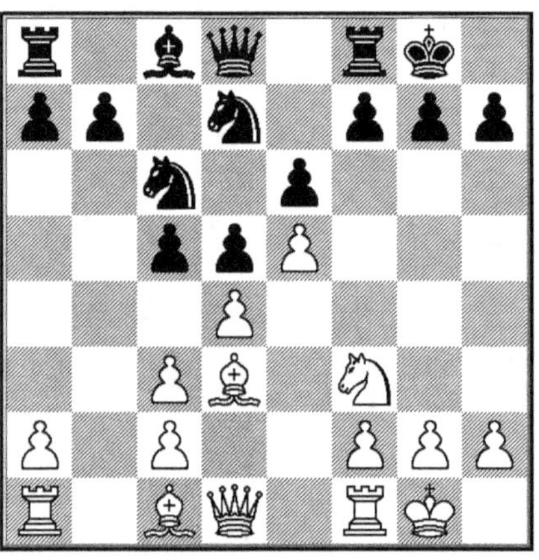

Aqui não há suspense, apenas avaliação e cálculo. Analise as consequências do sacrifício temático do bispo em h7.

3 - Ataques ao roque pequeno

81 - Jogam as brancas ★ ★

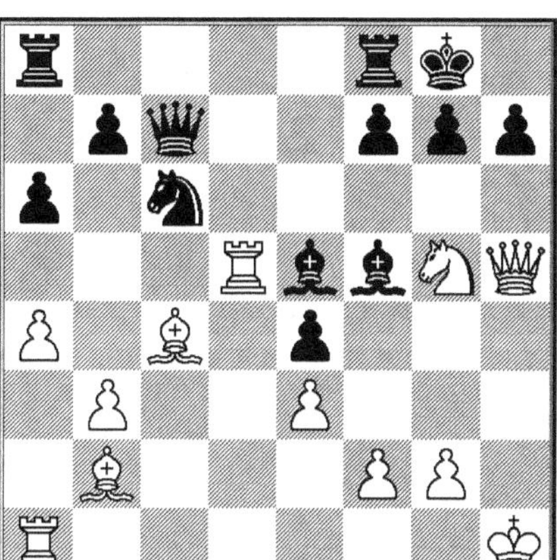

O campeão mundial tem a palavra aqui, então você pode presumir que ele puxa suas cordas com precisão suprema.

83 - Jogam as brancas ★ ★

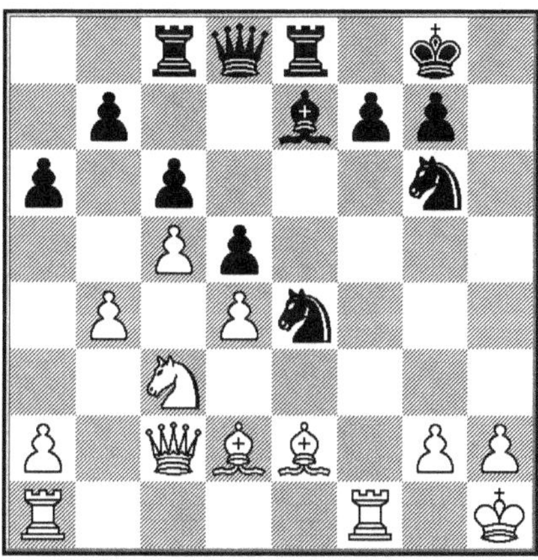

As pretas acabaram de jogar 18...♞f6–e4. Você pode explicar por que isso é um erro?

82 - Jogam as brancas ★ ★

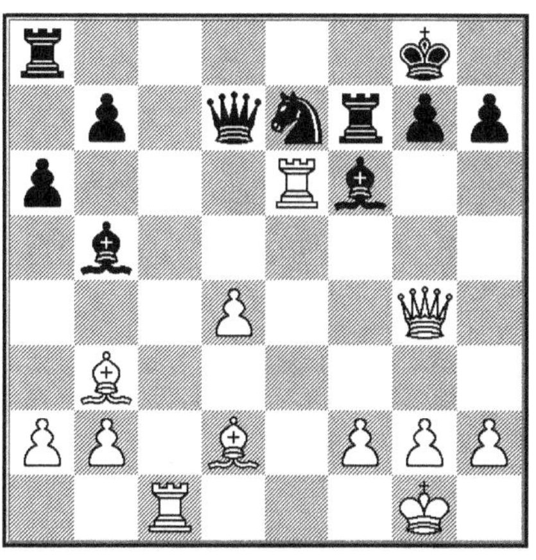

As pretas cometeram um erro em seu último movimento (22...♛d6–d7). Você se atreveria a refutar?

84 - Jogam as pretas ★ ★

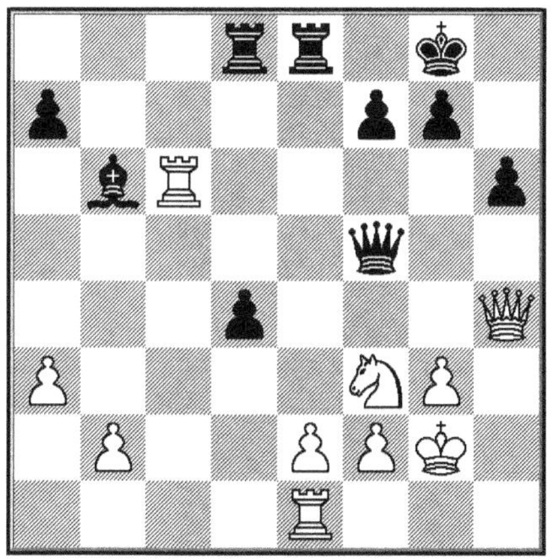

As pretas aspiram algo mais do que proteger seu peão d isolado. Qual poderia ser a armadilha de um ataque ao rei das brancas?

3 - Ataques ao roque pequeno

85 - Jogam as brancas ★ ★

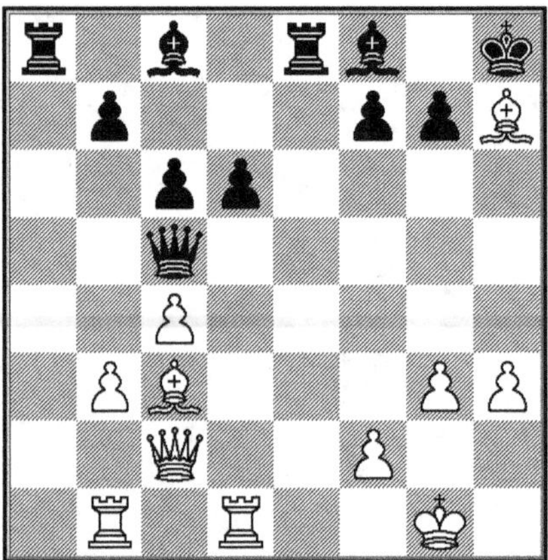

Não é fácil encontrar o caminho para a vitória aqui. Precisão e elegância são necessárias.

87 - Jogam as pretas ★ ★

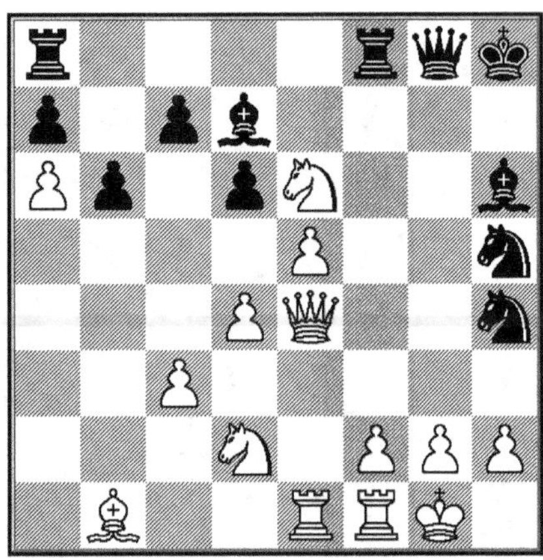

Uma posição complicada que requer muitos cuidados. Seu desafio aqui é o cálculo cuidadoso das variantes.

86 - Jogam as brancas ★ ★

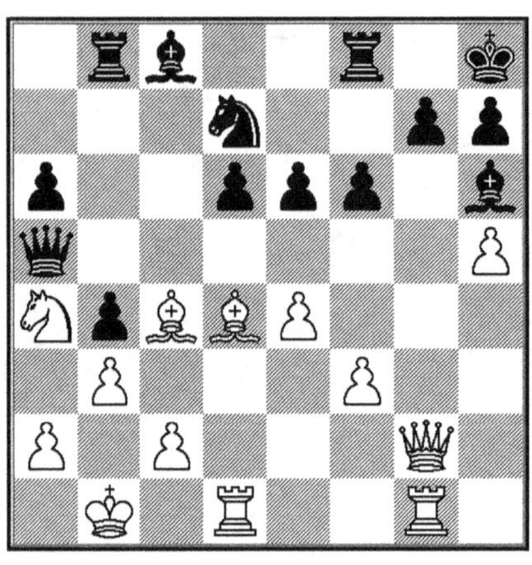

As brancas pagaram um peão pela coluna g e a má coordenação das peças pretas acende a luz vermelha.

88 - Jogam as pretas ★ ★

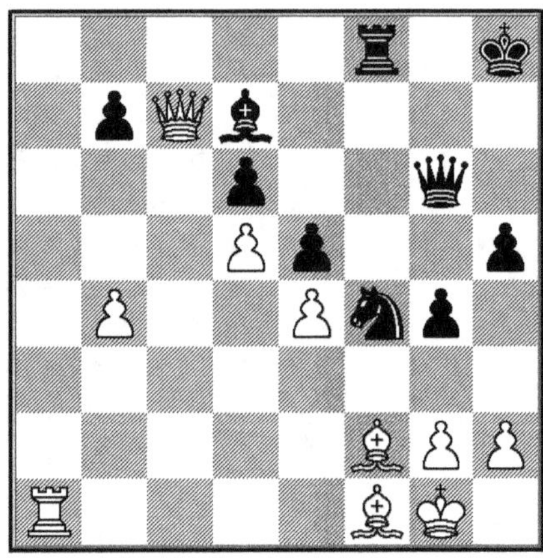

Dado o ataque ao bispo, toda sequência ofensiva deve passar por um cálculo exato. Você se sente capaz de fazer isso com sucesso?